名言を訪ねて

~言葉の扉を開く~

片山壹晴

コールサック社

片山壹晴　名言を訪ねて　～言葉の扉を開く～

目次

Ⅱ

Ⅲ

名言を訪ねて　～言葉の扉を開く～

序文

　この名言集は、私の住む玉村町の文化関係広報誌「にしきの通信」（隔月発行）に二〇一〇年五月から二〇一六年三月までに掲載した三十六編に、あらたに十四編を加え、小冊子として発行するものです。

　名言を人生の「ヒント」や「道」を説くものと勘違いする人がいますが、この裏には名言と呼ばれる言葉が、自分の外部にあるというスタンスが隠れています。名言に真理が含まれるとするならば、ゲーテが「本で読んだ真理も、われわれはあとで自身で考えださねばなりません。頭のはちの中には種子が一杯はいっていますが、それに対して感情が初めて培養土と培養ばちの役をするのです。」と言うように、自己の内面に照応しなければなりません。

　ある名言を人に紹介するということは、「虎の威」や「人の褌」的ないやらしさを生じます。これを避けるため、この冊子にはすでに名言として流布しているもののほかに、私の心に照応したものを加え、できるだけ私との関係でとらえるよう心がけました。ですから初めての言葉も見られるでしょう。

この冊子を名言の推奨としてではなく、先人の言葉から生じた、ある個人の心や思索として読んでいただけたら幸いです。

片山壹晴

＊本文の段落を二字下げにするという実験を行いました。段落を視覚的にも強めることで、思考の回路をより目立たせることになり、上着を脱いだような気恥ずかしさを伴いますが、かえって、文脈や言葉の締りを意識する効果を生みました。

世界は人の言葉を必要とはしない。
しかし人の心の内には、言葉でしか開けない扉がある。

I

世の先人達が様々な名言を残していま す。今から、そのなかの幾つかを拾いなが ら味わっていきたいと思います。できるだ け文化に関係するものを選んでいきたいと 思いますが、ときには脱線することもある かもしれません。

① 「美しい花がある。花の美しさというものはない。」

小林秀雄

私たちが道端で眼をとめたり、庭先で眺めて、「あ、美しい花だ」と思うのは、そこの目の前にある具体的な花です。その具体的な花は、色合いがあり、形がいいとか、バランスがいいとか、周りの風景を引き立てているとか、非常に具体的なものです。

しかし、こうした経験が続くとどうでしょうか。すべての花に共通する「美」というものがあるのではないかと考えるようになります。そしてこれらは頭の中に宿るものですから、ではその「美」を取り出して見せろと言われてもできません。

実在しないのです。

芸術家たちは、個性ある花を描こうとも、この実在しない「美」を求めて、もっと奥にある普遍性を表現しようと悪戦苦闘します。

この言葉は現在でも様々な批評家に引用されますが、人によって解釈のずれがあるのも事実です。

②「自然は文《あや》を求めはしない。言って文あるのが、思うところを、ととのえるのが歌だ。」

小林秀雄

　この言葉は「世間には、万物にはその理あって、風の音水のひびきに至るまで、ことごとく声あるものは歌である、というような、歌について深く考えた振りをした説をなすものがあるが、浅薄な妄説である。」に続いて書かれています。

　私たちは、日常生活では難なく日本語を使い、ほとんど意思疎通に困ることはありません。それが、ひとたび文を書くとなると、途端に詰まってしまい、いろんな考えが渦巻いて、書きだしさえ見当がつかなくなることがあります。

　小林秀雄が言っているのは歌の世界のことですが、言葉を選んで書くということの本質を、この言葉は語っています。何かに感動したり、感情が湧きあがったり、あるいは思慮するとき、それを「ととのえる」ことによって、初めて文になり、歌になれるというのです。

俳句や短歌の世界では、ちょっとした推敲で作品が見違えるようになります。これも、自分の心の動きを「ととのえる」働きの結果です。小林秀雄の文章も魅力的なものです。この言葉を書くにあたって、自身、いかに心をととのえたか、その呼吸が響いてくるようです。

③「私は文学的絵画は嫌いだ。」

ポール・セザンヌ

この言葉は、歴史の中に置いて眺めれば、真に意味深い言葉に変化します。

セザンヌは「近代絵画の父」と呼ばれています。ヨーロッパの絵画は、印象派以降大きく変わりました。しかし、セザンヌがそう呼ばれるのは、その時代の流れの中にいたからではありません。絵画への見方を大きく変え、後のキュビズムや抽象画などの源流をなすものを打ち立てたからです。

ギリシャ以降のヨーロッパ美術を思い浮かべてみると、神話や聖書や歴史のある部分に題材をとったものがほとんどです。物語の一部を切り出してモチーフとしています。また、時代を経て風景画などが出現しても、それらの絵に何らかの物語や詩を付与することはそう難しくありません。

しかしセザンヌは、絵画から文学的要素を切り離し、対象そのものの表現に打ち込みました。色彩、形など本来の絵画的要素のみから、絵画の芸術性を表現すべきだと考えました。そしてそれを成し遂げたのです。旧来の遠近法さえ捨て去りました。

このため、物語性を求める人には親近性を欠いて敬遠されがちですが、真髄の理解に至ったときは魅して止まない画家となります。孤独で血の出るような歩みの肉声として、この言葉は胸をうちます。

④「知識の溶剤にこそ、自分の感光板を漬けなければならないのだ。」
ポール・セザンヌ

ここで感光板と言っているのは感性と置き換えていいものです。画家ですから、視覚を、当時普及しつつあった写真にたとえたものです。

一般的に、芸術家にとって大切なのは「感性」で、「知識」というものは縁がないように考えられがちですが、セザンヌはそう思ってはいませんでした。感性に働き、感性を育てもする知識の役割を、身を持って知っていたということです。

実際、セザンヌはボードレールの詩集一冊を暗記していたり、カントの哲学書を読んだりしていました。ただ、その姿勢は徹底したもので、「少々の学は遠ざけ、たくさんの学は引き戻す」とか、「中途半端にものを知っている人たち、素人たちは中途半端なものしか実現《レアリゼ》しない」とも言っています。

このように、「知」に対して敬意を払っていたセザンヌでしたが、キャンバスに向かうときは、知識が感性を曇らせるのを防ぐため、あらゆる知識は遠ざけ、むき出しの感性で対象に向かいました。

対象の一点を見つめたセザンヌは「眼を引き離すことはできないのだ。私の見ている点にあまりにもくっついてしまって、眼から血が出てくるんではないかという気がする」と漏らしています。

⑤「ここはハムレットが住んでいたのだと考えただけで、たちまち、この城がそれまでと変わって見えてくるのはおかしなことだと思いませんか。」

ニールス・ボーア

量子力学（物理学）に多大な貢献をしたボーアとヴェルナー・ハイゼンベルクが、デンマークのクロンボー城を訪れたとき、ボーアが切り出した言葉です。ボーアは、城は石材で出来ていると信じる科学者であるのに、実在かどうかさえ分からないハムレットが住んでいたと考えるだけで、「突然に、城壁と塁壁はまったく別の言葉を話し始め」「ハムレットの『生か死か』という声が聞こえてきます」と語ります。

私たちは、科学者というのは常に物事を客観的かつ分析的に見るものだと思いがちですが、その科学者が「心」の眼というものの働きに、素直に驚きを表明していることに注目させられます。ハムレットの物語を知っているからそう思えるのではないか、というような安易な解釈もしていません。

現代人は、様々な出来事を、常に原因と結果でとらえることに慣れすぎてしまいました。このため、安易な原因と結果の関係で分かったつもりになって、さらに奥深く心のなかに降り立つことを止めてしまうことがあります。感動も薄れます。

客観的に科学的に物事を見る眼と、心の眼で深く感じることとは、もしかしたらどこかでつながっているのではないかと窺《うかが》わせる語りかけです。

⑥「我らが昼夜の心遣ひ察してみよ。汝らは鶴を羨《うらや》まず、雀の楽しみを楽しみ候へ。」

滝川一益《かずます》

滝川一益は玉村町にとっても、北条氏との神流川合戦に臨み、軍配山で指揮をとったという伝説でなじみのある戦国武将です。この言葉は前橋の厩橋《まやばし》城で語ったとされていますが、一益の人柄を偲ばせます。

鶴は一益自身である大名を、雀は家臣を表すとされています。戦国の世に各地を転戦した一益にとって、武将というのは常に敵に首を狙われる存在でした。一寸たりとも気を抜けず、昼夜心の休まることはなかったでしょう。あなた達はそんな大名を羨まずに、楽しみを楽しみとして味わえる立場にあるではないか、と諭しているのです。

ここで、雀を家臣の譬《たと》えとするにはちょっと不都合が生じます。なぜなら家臣も大名と運命を共にするからです。いつ命を落とすかしれない者が、そんな楽しみの世界に身をひたすことはできません。そこで私は、その場に居たのはもっと下級の者たち、あるいは婦女子とするのが妥当と考えます。

いずれにしても、一益がただ上に君臨するのではなく、普通の生活が出来ることの幸せを承知していたということです。神流川合戦に敗れたのち、厩橋城を保持し切れなかった一益は、それまで預かっていた上野国衆の人質を解放し、これに感謝した上野国衆に守られながら、本領の伊勢長島に退きました。

⑦「私にありては智なり、官にありては愚なり。」

福沢諭吉

ここで「私」とは「個人」のことです。政府は優秀な人たちの集まりだが、行なうことは一愚人の事といってよい、と福沢諭吉は続けます。一方、誠実な良民と思われる人も政府に接するとその節を屈して賤しくなるのはなぜか、と問います。

その原因は、過去の専制が人民の無気力を生み、政府は政府で威をもってのぞむ気風が残り、一個人の働きを発揮できないからだとしています。

このように、ある種の気風や慣習が、個人のよいアイデアや考えを、頓挫させたり、実現したにしても色褪せたつまらないものに変えてしまうことは、明治のことでもなく、官民に限ったことでもなく、身近なこととしてあるといっていいでしょう。

福沢諭吉の根底に流れているのは「独立自尊」の心です。官尊民卑の悪弊を取り去るには、民がその気概を持ち、民主導で文化を発展させなければならないと考えました。慶応義塾を創立し、「時事新報」で健筆をふるい、自身は一切官職につきませんでした。「勲章など御免」と断ったことや、幕府の要職にあった勝海舟が、後に明治政府の要職についたことを批判していたことは、よく知られる逸話です。

晩年に、これらと矛盾する国家主義的な論説が「時事新報」に発表されますが、最近の平山洋氏の研究で、引退後に娘婿の手によるものと明らかにされました。

⑧「熊本より東京は広い。東京より日本は広い。日本より……」でちょっと切ったが、三四郎の顔を見ると耳を傾けている。「日本より頭の中のほうが広いでしょう」と言った。

夏目漱石『三四郎』より

『三四郎』のなかで、広田先生が言った言葉です。とはいうものの、漱石自身がこのような実感を持っていなければ、小説のなかで用いることは出来ないことで、ほぼ漱石の考えと言っていいでしょう。

地理的な広さと、心や精神的な世界の広さを比べているわけですが、後者の世界があることを実感していなければ、比べる発想も出ません。しかし日常でも、同様の感覚を持つことがあります。例えば文化的なことで、どんなものでもよいのですが、その世界を極めようと思えば、その道は遥かに遠く奥深いものだと感じる経験を持つ方は多いのではないでしょうか。まして、言葉や思考に頼る学問、文芸の世界は、頭の中の広さの中にのみ宿ります。

もう一つ例をあげれば、私たちは歴史を知っていますが、これも知りつくせない世界として、すでに現実にはなく頭の中にのみ残る世界です。

個人的な経験ですが、ドイツを旅行したときでした。バスの車窓から景色を眺めながら、ふと、この景色よりも、このドイツが生んだ偉人たちの精神世界は、もっと広いだろうという思いが湧きあがり、強く漱石のこの言葉がよみがえってきました。

⑨「私の生涯は極めて簡単なものであった。その前半は黒板を前にして坐した。その後半は黒板を前にして立った。黒板に向かって一回転をなしたと云えば、それで私の伝記は尽きるのである」

西田幾多郎

「西田哲学」と称されるほどその業績は知られていますが、著書の難解さでも知られています。反面あまりにも簡潔なこの言葉はなぜか心に残り、手帳に書き留めておきました。

あらためてこの言葉を眺めてみると、その「さっぱりさ」に驚きます。というより、このような評価を自分自身に行なえる精神に、西田幾多郎がいかに哲学以外、眼中になかったかという、ある種の正直な真面目さがにじんでいます。

この言葉では、生徒から先生になった以外に、記すべき人生はないとしていますが、実際はそうではありません。加賀野井秀一氏によると、西田幾多郎が哲学を始めたころは、まだ言文一致の日本語が確立されていず、いかに日本語で西洋哲学を行なえるかという道も切り開かねばなりませんでした。小林秀雄に「湯屋の都々《どど》逸《いつ》」と言われるほど難解な文はそのせいもあります。また、京都学派内での対立もありました。そして、わが子の死にも遭遇しています。

「死にし子の夢よりさめつあさまだき窓際暗くみぞれふるらし」の歌は、表記の言葉のさっぱりさと全く反対に、心の内奥を語っています。

⑩「玉むらの　やどりにひらく　たまくしげ　ふたたびきその　かへさやすらに」

参議　綾小路有長

今回は、名言からちょっと離れて、木嶋本陣跡の歌碑に空想を巡らしてみたいと思います。

この歌は、例幣使・有長が天保十四年（一八四三）に日光からの帰り、玉村宿で帰路の木曽路も無事であれと願ったものとされています。歌碑はその二十一年後、本陣当主の木嶋雅之丞が建てています。

「たまくしげ」の意味が気になり、調べているうちに、私はこの歌には表の意味のほか、裏の意味が隠されていると考えるようになりました。それを分けるのは、これを櫛などを入れる化粧箱ととるか、ほかに意味を持つかの違いです。きっかけは本居宣長が『玉くしげ』（一七八九年）という本を著していると知ったことでした。

この本には、例幣使の目的に適う東照神を誉めるくだりもあります。しかし、皇国思想が本意ですから次の解釈もできます。「ひらく」を宣長の『玉くしげ』とし、「きそ」は「木曾」ではなく「昨日《きそ》」と解すことも可能で、「ふたたびきそのかへさ」は王政復古を表しているとも取ることができます。

木島雅之丞も、あるときこの意味に気付き、碑の建立を思い立ったのではないでしょうか。時あたかも明治維新の四年前、復古の雰囲気は巷にも満ち、二十一年という歳月は、その時代変化でもあるのです。

⑪「テレビの中で起こっている出来ごとのほうが、テレビの外で起こっている出来事を圧倒してしまう。」

ダニエルJ．ブーアスティン

東日本大震災の津波の映像は、日本国中のみならず世界を圧倒しました。この映像を見ながら私たちは強い衝撃を受け、激しい感情が湧きあがるのを抑えられませんでした。しかしこれは、被災地から離れた人にとって、直接体験ではなく、一種の疑似体験でした。

アメリカの歴史学者ブーアスティンは、『幻影《イメジ》の時代』（一九六二年）で、現代人がマスコミを通じていかに「幻影」の中を生きているかを明らかにしてみせました。同著では一方的にマスコミからの影響を論じるのではなく、人々自らが、この作られたイメージに浸ろうとする姿を例証しています。私たちが旅行で、マスコミが取り上げるところに行きたいと思うのも、イメージを共有したいという欲求によるものです。

しかし、ブーアスティンはマスコミの影響度の大きさを指摘したのではなく、現代文化というものへの問いを発信したのです。現代ほど「イメージ」というものがこれほど生活にまで浸透した時代はありません。貧しい時代にはなかったことです。イメージと本当の現実との関係を、私たちは意識して見なければ、知らずに「イメージ」の海に埋没していくでしょう。

それでは現代の「現実」はどこにあるのでしょうか。ブーアスティンは「霧を取り除けば「景色をよりよく眺めることができるだろう」といいます。イメージと現実の境が曖昧になった現代、私たちはどのように現実を扱うべきか、重大な問題提起をしています。

⑫「ベストセラーはベストセラーであるという理由でベストセラーとなる。」

ダニエルJ．ブーアスティン

本屋に入るとまず平積みになったベストセラーのコーナーが目に入ります。振り返ると、時代を追ってこのコーナーは大きくなり、今では売れる順位も付けられています。この現象は単なる時代変化ではなく、私たちを蔽う現代文化の特質を表しています。

ブーアスティンは「本を読むということは、外の世界を見ることであったのに、次第にわれわれ自身を見ることになってきている」と指摘します。本が知への渇望を満たすものから、「私の心を言っていてくれる」ことを期待するものへと変化したのです。出版側も本の内容が持つ価値を宣伝するのではなく、いかに注目度が高いかを宣伝するようになり、私たちは雪だるま式ベストセラー現象に乗ることになりました。

このことは本が「現在という感覚を再現しているのであり、また、その現在が過去となるやいなや死に絶えるものとなるのである。その種の本は概して、後世まで読まれるものにはならない」（ブーアスティン）ことを意味しているのです。

最新流行であることの価値がいかにはかないものであるか知ることと、現代文化の特質を知ることは、同じ理解といっていいでしょう。そして忘れてならないのは、このはかない数々の本の影に、普遍性を求めて幾多の時代を超えてきた名著が、私たちを待っているということです。

⑬「山門《やまと》は我が産土《うぶすな》、
雲騰《あが》る南風《はえ》のまほら、
飛ばまし、今一度《ひとたび》。」

北原白秋「帰去来」より

晩年視力を失った白秋が、望郷の念を歌った詩の冒頭で、題名は陶淵明の『帰去来辞』からとっています。白秋の生まれた柳川は山門郡にあり、音《おん》から「大和は国のまほろば」にかけています。「まほら」＝「まほろば」は、すばらしい場所をさす古語です。詩は喩に浮かぶ少年の頃の種々の思い出へと続きます。

今回これを取り上げたのは、この詩が意味する内容というより、北原白秋という詩人が広げた日本語の可能性と特質をみるのによいと思ったからです。

日本語は短音が美しい言語だと私は考えています。古くから、五七調、七五調を定型と教わってきましたが、この詩にはそれはありません。四・六—五・六—四・六のリズムです。さらに、これを声に出してゆっくり読むと、実は二音が主になることが分かります。白秋はあえて五、七を崩す、つまり、日本人が耳慣れてきた言葉の塊を崩して、基本の音を浮かび上がらせようとしたのではないかと思います。

白秋の詩は、銀のスプーンでギヤマンを叩いたような響きがあります。これは今まで意識しなかった日本語ならではの特性を私たちに示してくれました。それにより、日本語が作り出すイメージの幅を広げてくれました。私はこれを短音の響きと相まっている効果と見ます。白秋は私たちに日本語の特質と可能性を、改めて教えてくれた詩人なのです。

⑭「散りぬべき　時知りてこそ　世の中の　花も花なれ　人も人なれ」

細川ガラシャ

明智光秀の娘として数奇な人生を生きた細川ガラシャは、本能寺の変から数年後、カトリックの洗礼を受け、最後は夫、細川忠興が関ヶ原に出陣中、石田光成の兵に囲まれ自ら死を選びます。その辞世の歌です。

いかに、死が此処彼処《ここかしこ》にあった戦国とはいえ、今が自ら散るべき時と悟る難しさと、その覚悟を持たなければ、人も人とは言えないという考えには、どこかたじろぐものがあります。また、カトリックではなく、武士道の匂いが強く漂います。

一方、現代人は、死んでしまえば、人は人ではなくなる、つまり生きていることが人間という考えに染まっていますから、死ぬべき時と悟ることが、どうして「人としての条件」になるのか、矛盾を感じるかもしれません。

その上で、この歌を見直すと、二つの側面があることに気付きます。一つは、生き物としての摂理を言っている面と、自らがそれを選びとる日々からの覚悟という面とです。現代人は摂理は心得ているものの、覚悟とはほど遠い日常に生きています。この点からも、心深くに疼痛を感じさせる言葉の一つです。

かつて、ある先生が一人一人に「不老長寿の薬があったら手に入れたいか」と質問しました。私は「いらない」と答えました。理由は自分で死の時期を選ぶ覚悟がないからです。

⑮「近ごろの詩人たちはインキに水をたくさんまぜる。」

ゲーテ「格言と反省」から

ゲーテはたくさんの格言を残しています。どれをとっても「何々すべし」という押し付けはなく、人間とその社会の有様をそのままに語っています。

「インキに水をたくさんまぜる」というのは、例を言えば、一行で表現できることを、何行にもわたって書いているということです。この格言には、ゲーテ自身の、芸術に対する厳しく妥協のない姿勢と、もう一つは、安易な表現に甘んじる詩人たちへの批判があります。ゲーテはそれを一行の比喩で本質的に表現しています。

私たちは何かを伝えようとすると、饒舌になったり、くどくなったりしがちです。

しかし、優れた芸術はどこにも薄まったものがなく、表現するものがしっかりと定まっていて、それでいて飽きるということがありません。雑多な事にあふれる日常が、そのまま芸術になれない理由がここにあります。その意味で現代においても、芸術創造を志す人には、深く自省すべき言葉です。

しかし、「水をまぜているかどうか」に気付くには、真贋を見分ける眼がなくてはかないません。その眼を養うのには、芸術だけでなくどのような分野にも言えることでしょうが、時代の洗礼を受けて生き残って来たものにたくさん触れることしかありません。古典は私たちの呼びかけに応じて甦ってきます。

⑯「知識はこの目まぐるしい世の中ではもはや糧《かて》にならない。すべてのことに注意しきれないうちに、自分自身を失ってしまう。」

ゲーテ「格言と反省」から

もし、「知識」を「情報」という言葉に置き換えたら、現代風になるかもしれません。ゲーテが生きた時代は、産業革命やフランス革命が起き、思想的には啓蒙主義を経て、種々の思想が展開していき、「疾風怒濤」と呼ばれた時代でした。

注意すべきは、この格言を、知識や情報の否定と取ってはならないことです。自己形成と知識の関係への「問い」を発していると取らなければなりません。実際、ゲーテ自身の知識は、文芸のみならず科学にまで及ぶ幅広いものでした。

さて仮に、世界中の情報を知る人間がいるとしたらどうでしょう。その人は人格的に優れて、尊敬される人となるでしょうか。そうはなりません。なぜなら、それはコンピュータで可能なことだからです。羅列的、平面的な知識や情報というものは、人格形成に本質的には関与していないことを示しています。

人間の限りある一生、あるいは能力にとって、取捨選択は欠かせないことです。過去の秀でた人たちをみると、その業績の背景には、しっかりと知識の取捨選択をしてきたということを見てとれます。知識そのものよりも、その知識の持つ意味を知ることの方が、ずっと重要だということでしょう。

⑰「晴嵐、晩鐘、夜雨、夕照、帰帆、秋月、落雁、暮雪」八景の対象とされてきたもの

今回は名言としてではなく、すこし脱線して美意識というものを考えてみます。

これらの言葉は、というより概念と言った方が適切ですが、中国の宋の時代の瀟湘《しょうしょう》八景が伝わり、その組み合わせを取り入れたものです。それらが時代を経て、借りものではなく、日本画や浮世絵の対象風景として定着しました。

さて、これらをじっくり眺めてどのような感想を持たれるでしょうか。あまりにも現代人の美意識と異なることに驚かれるのではないでしょうか。現代の私たちは、この八景と呼ばれるような風景の中に身を置いて、今、自分はその美しい風情

の中に居るのだ、という感動を起こすことは無理です。

このように、美意識というものは時代（意識）によって異なるものだということを、この言葉たちは教えてくれます。逆に現代人の美意識も、多くは亡びていくものだということです。このような目で現代美術を見ると、違ったものが見えてくるでしょう。

テレビで時代劇を見て、そこに居るのはサムライの格好をした現代人です。再会した侍が走り寄って公衆の面前で抱き合うこともなかっただろうし、歩き方、走り方も「なんば」と呼ばれるものでした。

当時を生きた人たちの意識を知ることなしに、歴史の真の姿を見ることは出来ないと言えます。

Ⅱ

⑱「〝学問〟がなくなり、〝研究〟となってしまった。」

森　章二

森先生は、東京大学大学院を卒業後、碑刻に魅せられてその技と美の再発見と実践の道に入られた異色の人で、昨年、木島本陣跡の歌碑の刻字を鑑定していただきました。その折、お茶を頂きながら話された言葉です。

その後、私もこの言葉を反芻しながら、今日の学術の状況を深く示す言葉として、今、書き留めておかなければならないと考えました。

現代では学問や学者という言葉は使われず、研究や研究者と言うことが普通です。これは単に言葉の流行《はや》りではなく、質的な変化を含んでいます。「学問」は「学び」「問う」という、人の側に力点が置かれますが、「研究」の「研ぎ」や「究める」は、対象を明らかにすることに力点が置かれます。つまり、学問とは、人の道につながる意味を含み、人格の形成と一体になった研究が学問であったということです。背景には、広くは実用偏重の流れ、狭くは大学のあり方の変質があるでしょう。しかしながら、「学問の自由」を「研究の自由」と置き換えられないことからも、「学問」の持つ意味には深いものがあります。

数千年の歴史からみれば、生き方と研究が分離した現代こそ異質であると言えます。森先生ご本人が、学問という言葉が人々の間に生きていた時代から、それを失った時代を生きる証人として、批判かつ変化を語る、歴史的な言葉として響きます。

⑲「天井三日、底百日」

江戸時代の相場師の格言

江戸時代に米市場として堂島米会所《こめかいしょ》が開設されたのは享保十五年（一七三〇年）のことでした。そこでは現物の売買に加えて、先物取引が行なわれました。世界で初めての整備された先物取引の市場でした。この格言は、そこで投機経験を持った相場師が生み出し、今日では株投資の格言にもなっているようです。

この格言は、投資の心構えだけでなく、マクロ経済にも当てはまっています。まさにバブルと後遺症との関係でもあります。浮かれる期間は短く、後遺症はずっと長引きます。

世界初のバブルは一六三七年にはじけたオランダ・チューリップ相場でした。球根一つが邸宅一軒になったとも言われています。その後、人類は幾度となくバブルとその崩壊を経験してきました。リーマンショックの数年前から専門誌では崩壊が指摘され、中国の不動産バブルも同様でした。警告されても、人の心は都合のよい解釈に傾くようです。

もう一つ別な角度から。資本主義経済の基礎には、信用取引が不可欠です。江戸から明治へ、アジアの中で唯一日本が改革を成し遂げられた背景には、江戸時代にすでに為替取引やこのような先進的な商業習慣が根付いていたことも挙げられるでしょう。

経済活動が成り立つのは、生活態度まで含めた文化習慣がその基礎にあってのことでもあります。

⑳「キャベツを食べるウサギは、キャベツがウサギになりません。キャベツがウサギになるのです。」

ジャン・ピアジェ

教育分野で発達心理学を勉強した人には、ピアジェの名は知られていますが、あまり一般では知られていません。それでもウィキペディアでは「二〇世紀において最も影響力の大きかった心理学者の一人」と紹介されています。

表題の言葉は、あまりにも当たり前で、名言とするには疑問も出るでしょう。しかしこんなことにも意味を見出すのが学問だということに、ある面白さを感じたため、取り上げてみました。

ピアジェはここに「同化」という概念をあてています。物質ならば、赤と青を混ぜれば紫と言う別な色になりますが、なぜキャベツを食べたウサギはウサギのままなのか。それは、対象を取り入れる「内的構造」を持っているからです。ピアジェはこれを身体的なことでなく、精神的なことの説明に用いています。

私たちの心や精神も、ある「内的構造」を持ち、それによって外部を取り入れて成長します。場合によっては自分の「内的構造」を「調整」して取り入れを図り成長していきます。

教育的な意味をよこに置いても、この言葉になにか表情を感じるのは、ある概念（ここでは同化）が見事に日常のことに置き換わっているからでしょうか。ピアジェは事象と概念を分離させせない学者でした。

㉑「小生は寧《むし》ろ喜んでこの超畜生道《ちょうちくしょうどう》に堕落しつつある地球の表面より消え失せることを歓迎致居候《いたしいそうろう》も、ただ小生が理想したる戦後の一大軍縮を見ることなくして早くもこの世を去ることは如何にも残念至極《しごく》に御座候《ござそうろう》」

桐生悠々《ゆうゆう》（『他山の石』廃刊の辞より）

『抵抗の新聞人　桐生悠々』という本を井出孫六氏が著しています。表題のように、桐生悠々は戦前の反骨のジャーナリストでした。下野新聞や信濃毎日新聞などの主筆をし、中でも名論説とされるのは、昭和八年に関東一帯で行なわれた防空演習を、信濃毎日新聞社説で「関東防空大演習を嗤《わら》ふ」と題し、敵機を関東の空で迎え撃つことは敗北そのもの、首都は関東大震災と同様の惨事と、批判を展開したことでした。しかし、自身は軍の圧力で退社に追い込まれました。

悠々は、太平洋戦争突入前の昭和十六年九月、この辞世の言葉を記した後、喉頭癌により六十八歳で亡くなります。この言葉は四年後の日本の敗戦を予告し、その後の軍縮世界をも見据えています。

当たり前のことも言えない時代風潮の中で、当たり前の事実を言う精神に、私たち自身が学ぶべきものを感じます。同時に「風潮」が事実を見る眼を奪ってしまうことも心すべきでしょう。

昨今「夢」という言葉がやたらと語られますが、同時に事実を見る精神を養わないと、流動化した世界を判断していくには十分ではないでしょう。

㉒「地球規模の経済というものは地球規模の努力を必要とする。」

ポール・サミュエルソン

「ノーベル経済学賞は彼のために創設された」ともささやかれた経済学者です。この言葉はかつてメモし、出典が不確かなため取り上げなかったのですが、今日のグローバリゼーションを思うと、どうしても掲載する必要を感じ、取り上げることにしました。

ここ十数年で国際経済を揺るがす大きな出来事が多発しました。リーマンショック、ヨーロッパの財政危機、忍び寄る中国のバブル崩壊。私がこれを取り上げたのは、この言葉の重みを感じるとともに、人類の文化のあり方にも問いを投げ掛けると思うからです。

古くを思えば、「修身斉家治国平天下」のように、身の回りを修めてのち、それが天下を治めることにつながるという考えが支配的でした。事案も国内に目配りをすれば、相応の対策を打つことができました。ある意味、身近な所から事案を捉えることができました。ここには自身がコントロールできる世界があり、それが外周を安定させることにつながるという、人間本来の感性に則っていました。私たちが直面するのは、この方法論が通用しなくなった世界です。

この言葉では、誰が、どのように、努力するのかは不明です。もともと人類は、地球規模で物事を捉えるようには出来ていないわけですから、人類史的に大変な試練の時代に入ったことを告げてもいます。

㉓「お金が重きをなすところでは、エリートになるのは早く、そして交替も激しい。」

ポール・サミュエルソン

サミュエルソンは一九七一年にこの言葉を書いています。当時、どれくらい多くの人がこの言葉に頷《うなず》いたのか分かりませんが、今では実感をもって感じとれる言葉となっています。

この言葉は、ヨーロッパで生まれたブルジョワジーという階層の没落と、アメリカを中心に形成された中産階級という層を区別する考察の中で語られました。ブルジョワジーというと、金権的な先入観で捉えられがちですが、ほとんどは宗教的倫理観と倹約の考え方を強く持っていました。ですから、遺産を子孫に残していくという継続意識を持っていました。これに対し「われわれの社会は、長いあいだ金権主義のそれであった」とサミュエルソンは語ります。

私がこの言葉に感じるのは、継続と変化、あるいは伝統と革新、保存と消費という相対立する文化性向です。片やヨーロッパであり、片やアメリカでもあります。この言葉は確かにアメリカのダイナミズムを語ってもいます。アメリカでは多くのエリートを生んできました。しかし、その多くはお金に換算できる力であったとも見てとれます。

種々の展開をはらむ言葉ですが、一つとして、何故お金が重きをなすと、たやすくエリートになれ、交替が激しいのか、考えてみる価値があります。

㉔「『そのまま』であることが如何《いか》に困難であるかは、ただこれを志した者のみそれを知る。」

田辺元（『懺悔道としての哲学』より）

田辺元《はじめ》は西田幾多郎と並ぶ京都学派の哲学者で、晩年は北軽井沢の山荘に籠って思索し、群馬で没し、蔵書を群馬大学に寄贈するなど、群馬に縁があります。

私もこの欄で種々の言葉を紹介していますが、「言葉」はよく一人歩きします。「そのまま」と同じ意味合いで、老子の「無為自然」という言葉があります。作為なくあるがまま自然に生きることを説いたとされます。しかし、無為を安易に転じれば、努力を否定して怠惰の言い訳になることもできます。表題の田辺元の言葉はそのような解釈を否定しています。

この言葉をよく見れば、「そのまま」と「志した」は矛盾することに気付かれると思います。現状に満足しないから志が生じるのであって、最初から「そのまま」でよしとすれば、志は生まれません。ということは、ここで「そのまま」と言っているのは、今あるがままの現状肯定でなく、相応の苦難を経たのちに知る「そのまま」ということです。

同じ言葉でも、それが生まれた過程を知ることにより理解は異なります。私たちがこの群馬で無意識に生きている「日常」と、福島の避難者が回復したいと願う「日常」とは、全く次元を異にしています。反対の状況が極まって、ある状況の真の姿を知り超え得るというのが田辺元の説くところです。

㉕「人間は馬よりも暗示を受けやすい生き物で、どの時代もひとつの気分に支配され、ほとんどの人は自分を支配している暴君を見ることができないのです。」

アルベルト・アインシュタイン

相対性理論を築いたアインシュタインは、その人生の後半を、原子の世界を扱う量子力学から導き出される考え方との対決に費やしました。量子力学が数学的確率に依拠することに対し、「神はサイコロを振らない」といった言葉も有名です。

宇宙や量子の世界は、私たちの世界観や哲学に深くかかわると同時に、この物理学者たちのドラマも小説のようです。当時、原子物理学の長足な変化は、アインシュタインをも時代の外におき、この言葉は、若い物理学者たちが、時代の波であった量子論に傾斜してしまっていることを嘆いたものです。

しかし、私はこの言葉を見て、すぐさまドイツでのナチス台頭の熱狂を思い起こしました。アインシュタインもナチスから逃れて亡命した一人ですが、その経験が背後にあると見ました。この苦い体験が、出来事を時代というスパンで捉える視野となって、このような表現が生まれたと考えるからです。特に若い人はその時代総括の不足から、暗示を受けやすいと言えます。

自分が「時代の気分」の中にいるのかどうか、それは歴史のスパンから現在を捉えられるかどうかにかかります。あるいは国内で生じた雰囲気も、国を離れてみれば、その実態を別の目で見られます。

㉖「頭で学問をするものだという一般の観念に対して、私は本当は情緒が中心になっているといいたい。」

岡潔（『春宵十話』より）

人の意表をつく言葉というものは、その時は注目されますが、真実を突いていなければ、時間とともに忘れ去られていくものです。しかし、岡潔のこの言葉は今でも引用されることがあります。

岡潔は日本を代表する数学者の一人で、世界的にも注目される業績を残しました。私が高校の時、倫理の先生が授業で岡潔を語っていたことから、その名を知りましたが、この考えを知ったのは随分経ってからでした。そして、今でも十分理解したとは言えませんが、これを前提に少し語ってみたいと思います。

私の受け止め方では、岡潔は人間の中心は理性的なものよりも、さらに深く情操的なものが芯にあると見ていました。思考も論理を重ねるものではなく、直観の働きが基本にあると考えていたようです。面白いと思ったのは、試験のあと一歩教室を出たとたんに「しまった。あそこを間違えた」と気づく体験です。これを「純一無雑に努力した結果、真情によく澄んだ一瞬ができ、時を同じくしてそこに智力の光が射したのです。そしてこの智力が数学上の発見に結びつくものなのです」と言っています。

心も垢がたまるもので、妙な狡知が出てくると、澄んだ直観が働かなくなります。岡潔は「自明を自明とみる」根本の働きを司るのが「情緒」としています。

㉗「謙虚でなければ自分より高い水準のものは決してわからない。」

岡潔（『春宵十話』より）

岡潔は教育のことを繰り返し述べています。情緒をその基本とするのが、氏の考えですが、氏の杞憂したところが今にも通じています。

自然界でも、成熟するには時間を要することから、早すぎる成熟には動物性が入り込むと危惧しています。ある日、授業参観に行った氏は、生徒の顔つきを見て、動物性が強くなったと感じています。今日、破れたズボンをはく一部の現象も、ファッションと片付けられない側面があるように思います。既存の秩序だったものへの一時の反抗でもあるのでしょうが、反面、歴史に育まれた「高い水準」を持つ文化を、知らざればこその感性の表れでもあります。

現代、教育論議は盛んですが、基本の「学ぶ」ということへの意識が社会全体で変質してしまったように、私は感じています。「分かるように教えろ」という主張は、場合によっては、教えてくれる人よりも、教えられる人を上に置きかねず、自らの「分かりたい」という心をもなおざりにしかねません。

岡潔は、動物性が残忍性の温床とも指摘して、「動物性の侵入を食いとめようと思えば、情緒をきれいにするのが何よりも大切」と言います。これを教育の基本とするのですが、それは、心の鏡を澄んだものにする、つまり謙虚であることとつながります。

㉘「私がほんとうに罪や汚点をもっているからといって、私は明けても暮れても私自身の罪や汚点を思い煩わねばならないのか？」

ウイリアム・ジェイムズ

人の心は揺れ動きます。これに対して真理や理想というものは厳然としてあるように感じます。W・ジェイムズは、当時の高踏的な哲学をプラグマティズムという方法で、現実世界に橋渡しをしようとした哲学者でした。この文言は著作『プラグマティズム』の中に現れますが、真理や理想ばかりを強調する立場に対し、現実世界に身を置く立場からの発言を仮定表現したものです。この引き裂かれた感覚こそ、人間が生きて行く上で常に囚われていくものかもしれません。

人が寄るべき規範は時代により変りますが、基準が変わっても「反省」そのものは有り続けます。もしそれが無くなったら「進歩」そのものも止むでしょう。ですが、思い煩い続けていたら、次のステップに踏み出せません。この矛盾にある姿をよく表しています。

これは個人によらず、この言葉をもって国家間の関係を思い浮かべた人もあるでしょう。この落とし所のなさこそ現実というべきかもしれません。その意味では、哲学というより文学的な言葉です。

プラグマティズムはアメリカにおいて生まれ、今ではW・ジェイムズの意図を離れて、実用性に生きる現代人の無意識の思考にまでなった感があります。逆に真理や理想という言葉が新鮮になりました。

㉙「部分部分の悪は否定できない。しかし全体が悪ではありえない。」

ウイリアム・ジェイムズ

前回は、事実と原理、あるいは現実と理想の間に生じる葛藤について触れてみました。今回のこの言葉も、悪への葛藤を表現しています。

日々、マスコミから伝えられる犯罪や残虐な行為は、非常に気を滅入らせ、時には人間全体への幻滅感を抱かせることがあります。しかしこの言葉のように語られてみると、確かに全体としては悪ではないと納得させられ、気持ちが救済されます。そして悪ではないこの大部分のいかに大きく多様性に富んでいることかと、目をそこに向ける余裕を生みます。

しかし、部分、部分に悪がありながら、全体としては悪でなくなるということは何故なのでしょうか。私には、単に、善の部分が多く悪の部分が少ないからという、量の比較だけでは説明できない、人間としての本質が根底にあるように思います。

私たちの日常は、些細なことを土台に成り立ち、なかなか全体を見る視点に立つのは難しいことです。ですが全体が見えると心に余裕が生じます。恐らく悪事を行う時の切羽詰った状況、行動に駆り立てる短絡思考とは逆の志向性が、人間だけでなく生物全体に備わっているからなのではないでしょうか。生きるということは、心に余裕を生み出し続けることでもあり、この性向が人間を救っているように思います。

㉚「雨ニモマケズ（Strong in the rain）
風ニモマケズ（Strong in the wind）
雪ニモ夏ノ暑サニモマケヌ（Strong against the summer heat and snow）
丈夫ナカラダヲモチ（He is healthy and robust）」
宮沢賢治（ロジャー・パルバース訳）

この英訳を見た時には驚かされました。主語に〝He〟が用いられていたこと、それに伴い、この詩の見方への示唆があったからです。

私はこの詩句に主語を意識したことはありませんでした。むしろ無意識に「私」を置いていたようです。雨に負けないのは私であり、気持ちの対象が私にあるからです。しかし、英語で主語は必須ですが、確かに〝I〟での英訳は不可能と思われます。

詩の終わりは「ソウイウモノニ　ワタシハナリタイ」とあり、今の「私」はそうではないのです。彼我《ひが》の区別をはっきりさせる欧米の言語では、実にここのところが明確になります。対して日本語は主語が曖昧に置かれるため、私のような気持ちのままこの詩を読むことになります。つまり現状の賢治はそうではないが、今にもそうなるかの近さで感じるのです。日本語は彼我の曖昧さゆえに、感情移入しやすい言語といえます。

ところで、この詩を解説しようとすると、〝You〟が主語に現れると感じるのは私だけでしょうか。

㉛「あらゆる事象の中にある方法は傑出した人間の不要論にたどりつくだろう。」（傍点は筆者）

ポール・ヴァレリー

一九世紀の末、ヨーロッパではドイツ帝国の政治的、経済的台頭がすさまじく、それまで世界をリードしてきた英仏は押されぎみでした。フランスの詩人、批評家のヴァレリーは、その力の背後にドイツ人の卓越した勤勉性、規律性を見ました。ここまでなら当たり前の観察にすぎませんが、それを『方法的制覇』という文明批評に結実させました。

物事を進めるには必ず「方法」が必要です。方法をよくよく吟味して、そこからできるだけ偶然性を排除すれば、成功にいたる確率は高くなります。この「方法」

の進化の結果が、今日はびこる「マニュアル」となったと言えるでしょう。ヴァレリーの慧眼は今日の姿を予見していました。

お店でマニュアル通りの言葉を聞くと、そこに人間不在を感じるのは私だけではないでしょう。このように、「方法」を突き詰めていくと大らかさを失った人間が現出します。さらにこの言葉は、「傑出した人間」が不要になると言っていますが、実はヴァレリーの時代には、まだ天才の存在は身近に感じられていました。

個人が卓越した方法を見出し、新しいものを実現したときに、人々はそれを天才といいます。マニュアル化という方法は、個人の否定でもあるので、今日、天才が出現しなくなった背景をも予見しています。

㉜「さようなら、終わりが見えないほど時間をかける仕事、三百年の歳月をかけた伽藍よ!」

ポール・ヴァレリー

どれほどの時間を費やしたかわからない工芸品、百年を超える歳月を費やした教会建築。これらがもう作られなくなった時代からの、投げかけの言葉です。まだ、ヴァレリーの時代には、かつての時代精神が見えていました。現代はもう、「さようなら」という投げかけの時宜さえ失いました。この言葉から、時代が現代へと舵を切ってきた姿を見ることができます。

ヴァレリーも「今や、我々は刹那に生きて、衝撃や対照効果にのみ気を引かれ」と続け、「完成するという概念そのものがほとんど消えてしまったのである。」と語ります。「時間が問題にならなかった時代が過ぎ去ってしまった」と感慨します。

これらを時代がなせる業とすればそれまでのことですが、現代文明を見ようとすれば、私たち自身に「完成」への志向性が薄いことも考慮にあがってきます。クラシック音楽の完成性は時代に無関係に出来たのではなく、逆に今日、同様の音楽が出来ない理由もそこにあるように思います。

私たちが美術館や博物館を大切にしなくてはならないのは、もはや私たちがそこに収蔵されたような作品を生み出せなくなっているからです。単純にテクニックの問題以上の、もう逆戻りできない人類全体としての意識作用があるかのようです。

㉝「微分方程式も失敗学と同じなのである。具体から抽象へは行けるが、抽象から具体へは行けない。」

畑村洋太郎

畑村氏は「失敗学」の研究者として知られ、先の福島原発の事故調査・検証委員会の委員長をされました。微分方程式のことはさておいても、具体と抽象の関係のみでも理解できる言葉です。混沌とした現実と理念や思想との関係とも置き換えられます。

現実を見れば、そこには一定の傾向や特徴があり、私たちはそこに法則性を見出したりします。その経験が重なると、「現実はこうだ」とする信念が生じてきます。この「信念」をもって現実を裁断しようとすると「現実」からしっぺ返しを受けます。

しかし難しいのは、逆に、理念もないのに現実は変えられないということも事実です。ですからここで注意すべきは、現実との対話のない理念や信念が問題であるということです。私もここで種々の言葉を取り上げていますが、物事を結論付けるためでなく、思考の吟味材料になればということによります。

ある時期から政治上で「ワンフレーズ」が大衆受けしましたが、現実の側面を切り出しているとはいえ、これを推し進めるととんでもない一面政治になることでしょう。現実は様々な視点から見て、かつ検討を加えてこそ見えてくるものがあることは、言わずもがなです。が、実はこれが大変なことで、人は都合のよい解釈に落ち着こうとします。

㉞「知る者は言わず、言う者は知らず。」　老子
「言う者は知らず、知る者は言わず。」　夏目漱石

言い方の順序の異なる二つを並べたのは、そこにニュアンスの違いが生じているからです。漱石はこれを「愚見数則」で用いていますが、記憶の勘違いか、知って順を入れ替えたのか、定かではありません。が、私は後者を取りたいと思います。日本語では言いたいことを文の後半に持ってくるからです。

日本文にする限り、老子の表現は並置的に感じ、もし「知る者」に重きを置くなら、自然な日本語の表現としては、漱石流にならざるを得ないでしょう。同様に、小林秀雄も好んでこの言葉を色紙に書いたようですが、伝聞では両者ともあり、実

際はどうであったのか確かめたいところではありません。

文意は、大方の辞書によれば、「真によく知っている人はあまり多くを語らないが、よく知らないものは、かえって口に出して言うものである。」（『大辞林』）と解説されています。

ですが、この言葉を一歩進めるならば、「知る」とはどのようなことなのかということも考えざるを得ないでしょう。思うことを言葉に置き換えようとして、その結果、言葉から零れ落ちるものは、言葉で表現されたものより多いと感じる経験は、誰でもあるでしょう。対象が本質に近づけば近づくほどその乖離《かいり》は大きくなります。小林秀雄は「ぼくなんか書かなきゃ絶対にわからない。考えられもしない。」と、「言う」ことの限界を語っています。

㉟「狂気は個人にあっては稀有《けう》なことである。しかし、集団・党派・民族・時代にあっては通例である。」

ニーチェ（『善悪の彼岸』より）

人類の歴史をみるならば、なんと戦争、虐殺にあふれていることでしょうか。人間とはこの程度の生物かと、自問せざるを得ません。ニーチェのこの指摘をみて、いかに事実を言い当てているかと驚くとともに、個人と集団性の違いは何なのかという疑問が沸き起こってきます。以前に福沢諭吉の「私にありては智なり、官にありては愚なり。」という言葉を取り上げましたが、これと同質の問題でもあります。

個人的には良い人が、集団や仲間の中で変質するという事例には事欠きません。善良な国民が国家（あるいはシステム）のもとでは、戦争という殺人を躊躇なく行えるという落差と同じです。

このことを人々は本能的に知っているからこそ、リーダーや国家の指導者の資質を強く問題にするのでしょう。政治は常に、ニーチェの指摘する事実によって動く可能性があるということです。

この事実を目の前にして、個人の無力を唱えるのは容易ですが、これは個人の責任を放棄することでもあります。今日の中東や世界の混乱を見るたび、「個人」を見失うことの恐怖を覚えます。あの混乱に個人も何もないと思われますが、最終的にそこに佇むのは一個の人間です。次回は漱石の言葉を借りて、個人と人格との関係を見てみたいと思います。

Ⅲ

㊱「もし人格のないものがむやみに個性を発展しようとすると他を妨害する、権力を用いようとすると濫用に流れる、金力を使おうとすれば、社会の腐敗をもたらす。」

夏目漱石

「私の個人主義」と題して、夏目漱石が学習院で行った講演の中で語った言葉です。漱石というと「則天去私」という言葉が独り歩きしていますが、漱石は書物の中でこの言葉を語ったことはありません。むしろこの講演で強調したことは、真の「自己本位」「個人主義」とは何かということでした。

学習院の学生が、卒業後は権力や金力を用いることが多いことを前提に、それを行使する人間には「個人主義」への理解が必要と説いています。面白いことに「国家的道徳というものは個人的道徳に比べると、ずっと段の低いもののように見える」

と、前回のニーチェの言葉に連なるようなことも語っています。

漱石はこれらを「説」として語ったのではなく、自らの体験から、人が生きるということは、自己に立脚することであり、そこに他の個性も尊重することも生じてくるとしています。人格とは何かを語りませんが、「個」に備わる属性ということは明確です。

人が自分の考えと違うから、同じ考えを持つようにさせよう、とこんな思いが湧いたとしたら、それは自分の人格を疑うべきなのです。もちろん自説を語ることは、互いにやるべきことですが。

㊲「太郎を眠らせ、太郎の屋根に雪ふりつむ。次郎を眠らせ、次郎の屋根に雪ふりつむ。」

三好達治（『測量船』より）

小学校の国語の教科書にも載るというこの詩は、多くの方が親しんだことでしょう。今回はこの詩の評価は別にして、言葉による表現について考えてみます。

この詩の字句が明示しているのは、雪が屋根に降り積もる二軒の家があり、それぞれ太郎、次郎という男の子を寝かしつけたということです。ですが私たちはそれ以上のイメージをこの詩から汲み取ります。

明らかに都会ではなく田舎であること。屋根は一昔前の藁葺《わらぶき》ではないかと感じること。子を見守る家人があり、まだ起きているだろうこと。雪はしんしんと静かに屋根に落ちていること。さらに想像を働かせると、日常生活が安定した家族であろうこと。子らは昼には元気に遊び、安心して眠りについたであろうこと。そのほか想像は様々に広がるでしょう。

これらの想像が廻ったあと、日本的な情緒や、やすらぎ、静謐《せいひつ》さ、風土に包み込まれ、安定した生活背景が生み出す安心感というような情感に包まれます。

この詩には形容詞はありません。もし形容詞があれば、この詩は死ぬでしょう。いわゆる情感の秘密がここにあります。「きれい」「悲しい」という言葉は、情感の表層を語るもので、その言葉で代弁した途端、情感の豊かさ、深さは消え去ってしまいます。余分な言葉を消し去る意味をこの詩は教えてくれます。

㊳

「人の欺瞞《ぎまん》のかくも邪悪なり
(So dark the con of man)」

『ダ・ヴィンチ・コード』より

『ダ・ヴィンチ・コード』によれば、この言葉はシオン修道会の基本理念とありますが、私には出典が定かでないため、同著としておきます。

「欺瞞」と「邪悪」という言葉から受け取る印象では、両者はそう近いものではありません。欺瞞とは「あざむくこと。だますこと。」であり、日常のなかで経験があるものです。しかし身近において「邪悪」であると感じることはそうあるものではありません。

つまり、欺瞞から邪悪に通じる道は必定ではないのです。ですが、邪悪の側から見ると、その背後には必ず欺瞞が顔を覗かせています。同じような関係は「嘘つきは泥棒の始まり」の「嘘」と「泥棒」の関係でも見られます。嘘でも欺瞞でも、程度の差に関係なく、その構造は同じものです。

欺瞞で人をあざむく場合、人のみでなく自分の心をあざむくことになります。人をあざむいてもよいという許しを自分に与えなくてはならないからです。自己正当化や責任転嫁が伴い、本来の姿を別なものに見せかけるのですから、精神の歪みが生じます。欺瞞への感度を失い、いつしか人間は別人となります。

私はこの言葉は、権力を持つ場合に最もよく当てはまるものと思います。権力に比例して欺瞞も大きくなり、邪悪さへの道のりも近いと感じるからです。

㊴「美しき花もその名を知らずして文にも書きがたきはいと口惜し。」

正岡子規（『墨汁一滴』より）

表現をしようとするときに、語彙《ごい》が豊富であれば、もっと正確かつ楽に言い表せるのにと思うことはよくあります。簡単な例をあげてみると、「花が美しい」よりも具体的に「コスモスが美しい」としたほうが表現が豊かになります。コスモスというだけで、季節感、色彩感、風による揺れまでがイメージされます。

このように名前を「知る」「知らない」の差は、表現の差に直結します。では「名前」とは何かと問えば、指す対象は言語によって一様ではありません。語彙も環境によって変わります。日本の雨の表現は、霧雨、時雨、驟雨、氷雨など多彩ですが、イヌイットは雪に対して多彩な語彙を持つようです。この多彩さが表現を豊かにするだろうことは明らかです。

表現に限っても、語彙が豊かであることに越したことはありませんが、語彙は表現のみでなく思考の基礎になっています。子規はここではそこまで言っていませんが、この言葉の先には、言語とは何なのだろうかという問いも、自ずと現れてきます。

実は、その「言語」とは？を考えているときにこの言葉が目に留まりました。ものの名前を知ると知らないとでは、感性にも作用するのではないかと、つまり逆照射作用のようなものがあるのではと思うわけです。一方で、言葉に囚われてしまう人もいます。子規の説く「写生」は、その歪みを治す妙薬でもありました。

㊵「悟りといふ事は如何なる場合にも平気で死ぬる事かと思って居たのは間違ひで、悟りといふ事は如何なる場合にも平気で生きて居ることであった。」

正岡子規（『病牀六尺』より）

この新聞連載された『病牀六尺』の最終回の二日後、明治三五年九月一九日に、三四歳で正岡子規は亡くなりました。病牀六尺とは病で床に伏した自分が手を伸ばせる範囲のことで、結核とそれによる脊椎カリエスの痛みと苦しみで「絶叫。号泣。」(文中から)の日々でした。時によっては体調穏やかな時、あるいは麻痺剤の助けを借りて執筆し、草花を写生し、画を鑑賞していました。

このような言葉は、下手に解釈するものでなく、読み返しつつ心に沈殿させるべきものと思いますが、平気で生きるとは、厚顔、無神経に生きることではない、とだけは指摘しておきたいと思います。逆に、生きている限り、自分に与えられ発揮させるべきものがあると自覚するからこそ、平気という言葉が対置できるのであって、それが無ければ平気もなにもありません。

子規のこの姿勢は、書中の「病気の境涯に処しては、病気を楽しむといふことにならなければ生きて居ても何の面白味もない。」という言葉にも見てとれます。しかし、これをそのまま「子規は病気を楽しんだ」と結論すると誤ります。境遇を転化させていく子規の姿勢や「楽しむ」意味に注目すべきです。

名言はインパクトある部分だけを取り出すがために明快ですが、短絡は注意すべきです。

㊶「現代の科学的な世界認識の『真理』は、たしかにそれを数式で証明し、技術的には立証できるのだが、もはや普通の言葉や思想の形で表現できない。」

ハンナ・アーレント（『人間の条件』より）

もう百年も前になるアインシュタインの「相対性理論」を、私たちが自分の思考や感情の中に取り入れて来ているかというと、全くそうではありません。「相対性理論」では、時間と空間が表裏の関係にありますが、私たちの日常では全く別物です。

ハンナ・アーレントはユダヤ人の哲学者・思想家です。ナチスでユダヤ人移送を統括していたルドルフ・アイヒマンの裁判を傍聴し、その紋切り型答弁をして、「悪の凡庸さ」という表現で、思考の欠如を指摘し、論争を巻き起こしたことは有名です。

私たちの日常は、実感では捉えられない原理の上に成り立っているわけですが、これを暗黙裡に認めつつ生きなくてはならない時代に生きています。しかし、原爆の原理は実感として分からないが、その脅威は実感として持つことが出来ます。それは広島、長崎があり、体験により事実として追認できるからです。

ただ、想像力と思考力がなければ、原爆はその人にとって特別な意味を持たないことでしょう。科学技術の進歩は、実感との裂けめを生み続けています。ＩＴの進歩に、量子力学による半導体の原理を見る人は稀でしょう。この齟齬感への回答は見出せませんが、その上であえて私は、これを越えるには、創造力に加え、「深い情感」を挙げたいと思います。

㊷「ファッションがパリにあるとすれば、それはパリには、ファッションと身も心も結ばれた職人たちがすばらしくそろっているからだ。」

フランソワ・ルサージュ（パリの刺繡職人）

あるラジオ講座のテキストにあった言葉です。これを聞いたとき、まさに文化の持つ本質を言い当てていると感じました。一言でいえば、ファッションが様々な職人の影の力に支えられているように、文化は有機的な関係の土台の上に花咲くということです。

このテキストでは、ヒトラーがパリを占領したとき、モードのセンターをベルリンに持ってこようとしたが、挫折した例が語られていました。パリという土地、そこで暮らす種々の職人、そして彼らが持つノウハウ、消費者という大衆、これら氷山の下に隠れた部分を、ヒトラーは見ることができなかったのでしょう。

植物の移植が、土地の性質や気候に制限されるように、文化も受け入れる環境に左右されます。古くから日本も中国の文化を取り入れつつ、改良してきました。つまり独自化するという根付かせを行ってきたということです。文化の発祥がどこかも重要な要素ですが、それにも増して、どのような花を開かせたかが、文化には大事な評価になります。

また、文化は添え物ではありません。その時代、その場所に生きた人々の活動と精神の証です。ある時は隆盛し、ある時は衰退します。確かなことは、文化は、それを愛する人と、自由な文化活動が出来た時に花開いてきたということだけは言えます。

㊸「彼は自分がスノブであることを、少なくとも自分自身では知ることができなかったのだ。なぜなら、私たちは絶対に他人の情念しか知らないからであり、また自分の情念について知り得ることは、他人から教わったことにすぎないからである。」

プルースト（『失われた時を求めて』より）

「私たちは絶対に他人の情念しか知らない」というフレーズに、多くの人が違うのではないかと思われるでしょう。私もここで読書を中断しました。私の感情を知るのは他人ではなく私自身だと、当然のごとく思っていたからです。

登場人物のグランダンは周りからは彼はスノブ（俗物）だと思われているにも関わらず、彼は人をスノブと罵倒することがありました。プルーストはその理由を冒頭のように説明しました。

私はこれを次のように解釈しました。例えば、自慢話が多い人は、自分ではその多さに気づいていませんが、聞く人にはそれがよく見えます。その自慢話をしたいという動機を、プルーストは広く情念（passion）のうちにとらえているのだと受取りました。プルーストはさらに、本人は最初の動機を瞬間のうちにつつましい動機にとりかえてしまうため、自覚できないと言っています。この場合、自慢する人にとって、「自慢」の内容を、相手も感心するものが含まれているに違いないという動機に置き換えたということでしょう。

プルーストを二十世紀最大の作家の一人と言わせしめたこの小説は、数々の心理描写に溢れ、私は理解できるところだけを掬い取って読んでいます。

㊹「自分に丁寧に接することが、他人をもてなす第一歩でもあります。」

熊倉功夫（茶の湯研究者）

朝日新聞の茶の湯を紹介する記事にあった言葉です。茶の湯の心を表す言葉ではありますが、スピードを求める現代の文化を逆照射しています。「丁寧」という言葉に限るなら、先に見たヴァレリーの「さようなら、終わりが見えないほど時間をかける仕事、三百年の歳月をかけた伽藍よ！」に一脈通じるところもあります。

ただ、ヴァレリーは作品（文化）を言い、熊倉氏は人間関係を言っています。

私がこの言葉で驚いたのは、丁寧さを自分に向けていることです。以前に、所作なきままに障子をパタリと閉めてしまった後の心持を俳句にしたためたことがありますが、その時は、所作と心持の密接さを痛いほど感じました。

若いころを振り返るなら、形式性、間接性に対し、本質からの遠さや、場合によっては欺瞞性すら感じていました。しかし、熊倉氏の言葉を敷衍するなら、他人を一義とした場合、欺瞞を生みやすく、自己を一義としてそれを避け得るということです。特に形式を重視するように見える日本文化の場合、自分に丁寧に接しなければ、形式に負けてしまうでしょう。

茶の湯や能などの所作に重きを置く日本の文化が、なぜ生死をかけた戦国の世に、武士の間に受け入れられていったか。セレモニーを要求する死というものに思いを致します。

㊺「毫釐《ごうり》の差在り」

朱子（論語集注より）

もともとは「礼記」にある「毫釐の差は千里の謬《あやま》り」から引いているようです。「毫釐」とは「ごくわずかなこと」と辞書にはあります。朱子は孔子の言葉に対し、論語集注で君子と小人との差が、ごくわずかなところから生じると解説しています。

今回、私がこの語に着目したのは、私自身も不得手な「道」のあり方を説くためではありません。この世の中に生ずるあらゆる差異が、実は毫釐の差から生じると感じているからです。特に芸術関係において、名作と凡作との違いはなにかということを心に留めてきました。優れた芸術家はこの毫釐の差に根を下ろし、その養分が個性的な作品に昇華していると感じています。セザンヌが言う「絶対的なもの（完全）の趣味をもたない者はおとなしい凡庸で満足する。」も、毫釐の差に通じています。

日常生活では、わずかな差に意を止めていれば生活は成り立ちませんから、結果は五十歩百歩と観念して進めていきます。ですが、創造性を必要とする芸術分野、新しい発見に辿り着かなくてはならない科学分野、これらにとって毫釐の差は命です。同じように歴史を作りだす政治家や指導者に求められるのも、毫釐の差への理解なのでしょう。

さて、この地球上の多様な文化は、どこにその毫釐の差があったのでしょうか。逆に、グローバル化は毫釐の差からの差異を均してしまうのでしょうか。

㊻「いかなる道も行きつく先が目的地」

ウィルヘルム・ミュラー（「冬の旅」より）

私の友人にドキュメンタリー映画の飯塚俊男監督がいます。彼が『岡村喬生57年目の「冬の旅」』を撮り、その上映会でのこと、岡村氏が歌うシューベルト「冬の旅」の字幕でこの言葉に出会い、ハッとさせられました。

それは、目的ありきの人生はないと宣言しているからです。もともと人は生まれた時に「目的」をもって生まれたわけでなく、それは知らずのうちに心の中に忍び込んできています。願いや夢も同様です。

「冬の旅」では、愛する女性に棄てられた若者が苦悶と絶望をかかえ放浪の旅へ出ます。苦悶は冬の厳しさと相まって我々の心を打ちます。若者は最期の安寧である死をも意識します。ただ私には若者の心情というより、人生そのものを語っているように受け取れました。八十三歳の岡村氏が歌っているからでしょうか、生の最終章として響きました。

人は小さな目標は語れるし、限定された願望や志は語ることができますが、誰一人として自分の人生の「目的」を語ることはできません。私はこの言葉に人生を重ねましたが、他の道も同様でしょう。

ちなみに、他の訳では「どんな道でも行き着く先がある」とあります。どちらが原文に忠実であるかは分かりませんが、ここに掲げた訳のほうが格段に深みがあるものになっています。

㊼「悪貨は良貨を駆逐する」

グレシャムの法則

有名な法則ですので辞書や様々なところで解説されたり引用されたりしていま す。悪貨と良貨は質の問題ですので、質を問う場合などに転用されて用いることが多いといえます。一般的に悪いものがはびこり、良いものが影を潜めてしまうときなどです。

この言葉にはもう一つ人間の心理を突いている側面があります。グレシャムは、悪貨と良貨がある場合、人は良貨を手元に残し悪貨を用いるとしています。心理作用は個人に発生するものですが、結果として大きな経済変動を引き起こすことにつながります。

さてここで、一つ大きな疑問が生じます。この法則が普遍的ならば、世の中は常に悪いものが良いものを駆逐していって、ますます悪いものになっていってしまうことになってしまいます。しかし実際にはそうなっていません。何故でしょうか。

私はこう考えます。人間は常に価値を創造し続けているからです。と同時に価値をみる枠組みも変化するからです。グレシャムの法則でいえば、鋳造貨幣から紙幣に変わったことがそれです。金銀の含有量による価値から信用創造により価値観が変わりました。

しかし注意しなければならないのは、新しい価値の創造とそれが社会に浸透するには長い時間を要することです。短期間をとるならばグレシャムの法則は生きています。それを見ることも省けません。

㊽「数とは感覚から断ち切られた理解の映像、すなわち純粋思考の映像である。」

シュペングラー（『西洋の没落』より）

この言葉から、私は高校時代の数学を思い出しました。虚数という「数」が、自分の実感で受け入れられず、数学が苦手な科目になりました。文学や芸術は個人の感性に基づき、これを深化させて表現していくもので、当時、私はそちらの方向に依拠しようとしていました。いわば実感と数理の乖離はその後も一つのテーマとして私に内在し続けています。

シュペングラーはギリシャ・ローマ時代の、現実から投影された幾何学的な数学に対し、後の西洋が作り上げた可視できない数学を対比させ、一章を割いて、数学からみた西洋文化の姿をあぶり出しています。シュペングラーの主張への是非はともかく、この分析は巨視的な視野を与えてくれます。

この現代への視点は、先に取り上げたハンナ・アーレントの、現代の科学的真理がもはや普通の言葉や思想では表現できない、という指摘と同一のものです。あらゆる分野において、現代の「進化」は実感から遠ざかる方向へと向かっています。金融、インターネット、AI（人工知能）など、しかりです。

しかし、文明の流れがそうであるとしても、人間は実感や感性、感情を捨て去ることはできません。AIの進化は、この対立（疎外）を深化させていくでしょう。さて、それを止揚する手立てはあるのでしょうか。

㊾「日本と中国とはそりの合わない兄弟のように、似ていない。」

モーリス・ベジャール

ベジャール（一九二七 - 二〇〇七）はフランスのバレエ振付家です。東洋の思想や日本文化に造詣が深かった人です。この言葉は戸田貞祐氏の『日本美術の見方』に引用されていますが、本人がどのような状況で語ったか調べようとして、果していません。

この言葉を見たとき、指摘の的確さに驚きました。欧米の映画などで、日本を表すのに中国音楽らしきものが流されると、その無知さ加減に苛立ってきましたが、的確に見る欧米人もいることに安堵します。

両者の差異は非常に深いところから発しているのではないかと感じています。例えば、言語構造は、日本は膠着語、中国は孤立語です。言語構造が思考に与える影響は非常に深いのではないかと考えています。主語を省略できるか否かは話者の精神に作用するでしょう。当然、風土や自然の違いもあるでしょう。

その結果として生み出されて来るのが文化で、私たちの目に映るのはここです。雄大な空間性に趣を見いだす山水画に対し、日本のデザイン的、平面的な障壁画、京劇と能や歌舞伎の違い。これらは一例にすぎませんが、私は感性のベクトルの大きな違いを感じます。他者から学びながらも、日本人の感性に合わせて変形させずにはすまない、かつその感性が生み出した独自性の中に、強いベクトルがひそむのを感じます。

㊿「文明とは一つの文化の不可避な運命である。」「現代は文明の時代であって、文化の時代ではない。」

シュペングラー（『西洋の没落』より）

『西洋の没落』が語るのは、経済や政治の没落ではなく、まさに「文化」の没落と「文明化」です。生きて有機的な文化から無機的な文明への移行を必然と捉え、それを没落と言っています。

この文化と文明との関係を巨視的に捉えたのは、シュペングラーが初めてではないでしょうか。この理論の妥当性はともかく、「文明的現象」の巨大化の一方「文化的創造力」の衰退を感じている一個人としては、示唆するもの多大です。農村の衰退と「世界都市」の出現を「文明とは都市の勝利」としつつ「文明はこれによって土から解放されるとともに、自ら没落していく」と、未来をも予見します。

この関係で思い起こすのは中国に出現したパリを模した街（広廈天都城）です。しかし住民はパリという文化の魂も、中国の文化の魂も、どちらも持つことは出来ないでしょう。もちろん建設した人々がすでに、文化の創造から縁遠くなっている証左です。

造形力を失った現代アート、世界一様な建築、賞をもってしか選択力を失った読者群、これらは明らかに文化の根を失ったものだと、私には見えます。歴史上かつてないほど盛んな現代の文化活動、しかし痩せた創造力、まさに文明化した人間の宿命かもしれません。

解説　「名言」と対話し続ける豊饒な試み
――片山壹晴『名言を訪ねて～言葉の扉を開く～』に寄せて

鈴木比佐雄

1

片山壹晴氏は群馬県玉村町に暮らし、詩・俳句・評論を書き続けている。それらの表現を共存させた詩集・評論集『セザンヌの言葉―わが里の「気層」から』や随想句集『嘴野記《シノキ》』などの独特な本作りをして、地域に根差しながらも世界的な視野を持ち、文芸と思想・哲学を融合させるような真摯な試みは、読むものに多くの感銘を与えてきた。そんな片山氏は今回、「名言」の引用から始まる五十編の連作の随筆をまとめた『名言を訪ねて～言葉の扉を開く～』を刊行した。「名言」とは、世間でよく引用されてきた「名言」もあれば、片山氏の心に反復されて思索を促す隠れた「名言」もある。片山氏がこの随筆を書き始めたのは数年前だったけれども、実際は長年の間に様々なジャンルの表現者たちの言葉が、なぜ忘れがたい「名言」となりうるのか、その謎を抱いていて、いつかそのことを論じてみたいと考えていたのだろう。片山氏は自己の抱いた構想を検証しながらこつこつといつのまにか成し遂げてしまう粘り強い表現者だ。今回の「名言を訪ねて」の「訪ねて」とは、その「名言」の根源的な意味を「問うて」、反復していくことであろう。そしてその謎を解く思索の過程こそが大事で、誰かの解答ではなく、独力で思索の果てにその言葉を発した作者の真意や問いの深さを提示することによって、自分にとっての「名言」の根拠を発見することが主眼だったように思われる。五十編の中でも特に印象的な「名言」を紹介してみたい。

2

冒頭では①「美しい花がある。花の美しさというものはない。」という小林秀雄の言葉の中でも、数多く引用されてきた言葉の真意を探っている。片山氏は〈芸術家たちは、個性ある花を描こうとも、この実在しない「美」を求めて、もっと奥にある普遍性を表現しようと悪戦苦闘します。〉と芸術家たちの〈実在しない「美」を求めて〉しまう芸術精神や想像力が「花の美しさ」を生み出そうとすることへ思いを馳せている。片山氏は小林秀雄が単純に今ここにある固有の実在的な花の美だけを肯定し、抽象的な花の美というイデアを否定していると受け取っているのではない。きっと「花の美しさ」というイデアなどが初めから人間にあるのではなく、出会った実在の「美しい花」の多彩な経験によって構成される美意識の確かさを本当に内在化させているかと、小林秀雄は表現者たちに挑発的に問うていたのかも知れないと、片山氏は考えたのだろう。「名言」とは常識を覆し、本来的なものに近づかせてくれる言葉なのかも知れない。まず「美しい花がある」という眼前の花に感動したことを、「問うて」反復することがすべてであることに気づかせる。けれどもその時の直観した美意識を絶対化して、「花の美しさ」というイデアに簡単に昇華させようとする人間のドグマの危険性を憂慮しているのだろう。それを指摘する小林秀雄の批評的言説は、それ故に私たちの意識の在りようの危うさを突き付ける「名言」なのだと片山氏は告げている。その意味では「名言」とは人間の認識や存在の在り方を根源的に「問うて」、私たちの独りよがりや先入観を本来的なものに反転させる魅力的な言葉なのだろう。

③の「私は文学的絵画は嫌いだ。」というポール・セザンヌの言葉では、絵画の世界を変革していった歴史的な言葉を検証している。片山氏はセザンヌがギリシャ以降のヨーロッパ美術において「神話や聖書や歴史のある部分に題材をとったもの」を否定して、「近代絵画の父」となっていく根本的な精神性をこの言葉に見出しているのだろう。そして「セザンヌは、絵画から文学

的要素を切り離し、対象そのものの表現に打ち込みました。色彩、形など本来の絵画的要素のみから、絵画の芸術性を表現すべきだと考えました。」と数千年にわたるギリシャ・ヨーロッパの歴史を担っている「文学的絵画」を否定して、自らの目で対象を直視していくことの決意をこの言葉の中に読み取っている。つまり「名言」とはある意味で変化期の歴史を先取りし、新しい時代を促した言葉を辿り、その意味を今日的にも追体験し思索することでもあるのだろう。

3

⑦の「私にありては智なり、官にありては愚なり。」という福沢諭吉の言葉は、今も変わらぬ個人と国家の相互関係の問題点を指摘している。片山氏は「政府は優秀な人たちの集まりだが、行なうことは一愚人の事といってよい」、誠実な良民も政府と接していると「賤しくなるのはなぜか」、という「官尊民卑」を批判した福沢諭吉の「独立自尊」の思想をこの「名言」に見出している。今も続いている「官尊民卑」や「忖度」が克服されることなく続いているこの時代に、福沢諭吉の「名言」を思い起こす必要があることを告げている。

片山壹晴氏の「名言」の旅に同行していると、その「名言」の作者の生死を賭けて語った経験が、言葉に宿っていて、その人生の最も大切な智恵を、手渡しされるような瞬間を感じさせてくれる。

例えば⑭の「散りぬべき　時知りてこそ　世の中の　花も花なれ　人も人なれ」という細川ガラシャの辞世の短歌は、有限な時を生きる人間存在の徹底した覚悟と感受している。片山氏はこの歌に二つの面があり、「生き物としての摂理を言っている面と、自らがそれを選びとる日々からの覚悟という面とです。現代人は摂理は心得ているものの、覚悟とはほど遠い日常に生きています。この点からも、心深くに疼痛を感じさせる言葉の一つです。」と、生きることの意味を突き詰めた果ての、恐るべき覚悟を疼きのように感じていて、自らの生きる姿勢を正していく指針のように受け止めている。

㉗の「謙虚でなければ自分より高い水準のものは決してわからない。」という岡潔の言葉は、知性と感性の関係を深く考えさせてくれる。片山氏は〈岡潔は、動物性が残忍性の温床とも指摘して、「動物性の侵入を食いとめようと思えば、情緒をきれいにするのが何よりも大切」と言います。これを教育の基本とするのですが、それは、心の鏡を澄んだものにする、つまり謙虚であ

ることとつながります。〉と、天才的な数学者の岡潔が人間の精神性の最大の美徳を「謙虚」に置いていたことを指摘している。この「謙虚」を兼ね備えた人間が「高い水準」を目指して歴史を作ってきたと語っていて、片山氏の思索においても「情緒」を浄化させていく働きに「謙虚」の働きの重要性を見出している。この岡潔の「名言」の核心部分は、今回の『名言を訪ねて』の中でも、最も心に刻まれた多くの存在を生かす言葉のように私には思えた。

その他でも、ニールス・ボーア、西田幾多郎、夏目漱石、北原白秋、ゲーテ、ジャン・ピアジェ、ポール・サミュエルソン、アルベルト・アインシュタイン、ウイリアム・ジェイムズ、宮沢賢治、ポール・ヴァレリー、畑村洋太郎、老子、三好達治、正岡子規、ハンナ・アーレント、プルースト、朱子、モーリス・ベジャール、シュペングラーなどの突き詰められた「名言」を独力で一歩一歩「訪ねて」、「問うて」対話を続けて、作者の真意に近づいていく。そんな五十編の思索の散歩道に多くの人びとが立ち寄って、その豊饒な時間に触れて欲しいと願っている。

著者略歴
片山　壹晴（かたやま　いっせい＝本名 かずはる）
1948年2月、群馬県生まれ
前橋高校、群馬大学教育学部卒業
上毛新聞社勤務、前・玉村町文化センター所長
〈著作〉
2004年　詩集『刻みのない時間』
2005年　講義録『「個」と「企業」―人格との関係をめぐって―』
2006年　詩集『人格のある鴉』
2013年　詩集・評論集『セザンヌの言葉―わが里の「気層」から』
2016年　随想句集『嘴野記』
2018年　『名言を訪ねて～言葉の扉を開く～』
〈現住所〉
〒370-1131　群馬県佐波郡玉村町斎田330-1

石炭袋

片山壹晴『名言を訪ねて ～言葉の扉を開く～』

2018 年 11 月 15 日初版発行
著者　　　　　　片山　壹晴
編集・発行人　鈴木比佐雄

発行所　株式会社 コールサック社
〒 173-0004　東京都板橋区板橋 2-63-4-209
電話 03-5944-3258　FAX 03-5944-3238
suzuki@coal-sack.com　http://www.coal-sack.com
郵便振替　00180-4-741802
印刷管理　（株）コールサック社　製作部

＊装幀　奥川はるみ

落丁本・乱丁本はお取り替えいたします。
ISBN978-4-86435-366-3　C1095　￥1500E